AF261965

L'EMPIRE

PAR

VIOLETTE D'AIGLENID DE LIONNE

Attachée à la casa de S. A. I. et R. Mme la duchesse d'Aoste.

Prix : 1 franc

EN VENTE AU *Nouvelliste de l'Yonne* A AUXERRE

AUXERRE

CHARRIER, LIBRAIRE-ÉDITEUR

1890

L'EMPIRE

L'EMPIRE

PAR

VIOLETTE D'AIGLENID DE LIONNE

Attachée à la casa de S. A. I. et R. Mme la duchesse d'Aoste.

Prix : 1 franc

EN VENTE AU *Nouvelliste de l'Yonne* A AUXERRE

AUXERRE

CHARRIER, LIBRAIRE-ÉDITEUR

1890

PRÉFACE

On a dit il y a quelque temps : « Il n'y a plus que deux partis en présence, celui des honnêtes gens et celui de la canaille. »

Ce n'est pas à cette dernière que je m'adresse, pour elle on peut répéter ce que l'on disait un jour à la Chambre. « La parole est au canon. »

C'est aux honnêtes gens et ils sont nombreux. Car si on supprimait sèchement quelques centaines de gens qui sont intraitables, si une main puissante et virile venait, s'inspirant du désir de la majorité de la nation imprimer une forte orientation à l'opinion pour la satisfaction de tous les intérêts et la pacification des esprits, imposer le respect de son épée et rendre la parole au suffrage universel, si enfin le corps des fonctionnaires avec lequel il faut compter n'était plus inquiété, poursuivi, menacé, la majorité conservatrice hésitante, timide, redeviendrait imposante et maîtresse.

J'offre ces quelques lignes aux conservateurs et je leur dis : « Tous les gouvernements sont tombés, celui-ci tombera à son tour et alors qui choisirons-nous?... Qui ? A mon avis le chef du parti impérialiste, le représentant de l'Appel au peuple.

NAPOLÉON Ier

NAPOLÉON ET SON ENFANCE

Napoléon est né quelques mois après la cession de la Corse à la France.

Il ne sortit des mains de sa mère que pour être confié aux soins de son oncle l'abbé Fesch, plus tard le cardinal Fesch, une des lumières de l'Eglise, une des gloires de la France, personnage qui semble revivre dans la personne du cardinal Bonaparte aujourd'hui à la cour de Rome.

La tradition nous raconte que la piété du jeune Bonaparte, le futur Empereur était si grande, qu'il pensa un instant à entrer dans les ordres.

NAPOLÉON ET SON ADOLESCENCE

A l'école de Brienne, le jeune Bonaparte faisait l'admiration de ses maîtres et de ses condisciples.

Lieutenant, au siège de Toulon il étonne les vieux généraux.

Général, dès sa première campagne il émerveille la France et terrifie l'Europe.

Il marche vite : ce sont les évènements qui le servent, ou plutôt la Providence qui se sert de lui pour accomplir de grandes actions. Ses campagnes se succèdent sans interruption.

Comme ce jeune héros, il reprend haleine en nous les racontant, en nous lisant les traités de paix qu'il a imposés aux ennemis de la France.

Comme il devait être beau à voir ce jeune général sur l'estrade du jardin du Luxembourg, couvert des lauriers d'Italie ! Lui qui avait affronté les balles et les obus, il tremble, il pâlit quand Talleyrand le montrant aux représentants et à l'élite de la France dit:

« Voici le sauveur de la Patrie ! »

NAPOLÉON ET LE COUP D'ÉTAT

Son avancement avant le 18 Brumaire, n'a été du qu'à son génie. Son arrivée au pouvoir a été hâtée par ses ennemis qui lui ont servi involontairement d'étrier. Après le Coup d'Etat consul pour dix ans, on le nomme consul à vie, pour dépister, annihiler les menées qui voulaient le renverser. Consul à vie, il a été nommé Empereur par la France entière qui voulait par l'établissement de la dynastie impériale déjouer tous les attentats et rendre désormais inutiles les bombes meurtrières.

Le 18 Brumaire a été un acte nécessaire et sauveur.

Serait-il un attentat à la Constitution ! Je réponds : « Ce n'est pas lui qui l'a fait, c'est son frère Lucien, républicain libéral, président de la Chambre des Cinq Cents. »

Par suite d'un accord entre tous les pouvoirs, le lieu des séances est transporté à Saint-Cloud, salle de l'orangerie. Approuvé et reconnu par les Anciens, Napoléon va à la Chambre des Cinq Cents et rend compte de sa mission. Aussitôt on crie : « A bas le tyran. » Il hésite. Son frère Lucien impuissant à empêcher le tumulte, dépose sur la table les insignes de la présidence et sort. Sur le seuil de la salle, il a regret d'avoir quitté son poste et crie aux Grenadiers. « En avant. » Mot terrible quand il s'adresse aux Français : il est synonyme de victoire.

En un instant la salle est évacuée.

Ainsi finit la Chambre des Cinq Cents par une *Défénestration*.

Ainsi finit la Première République.

NAPOLÉON ET LA GUERRE

On a reproché à Napoléon d'avoir fait tuer beaucoup de monde, d'avoir acquis de la gloire au prix du sang français.

Sous l'empire, il fallait mourir en effet, mais sur le champ de bataille et de la belle mort française à l'ombre du drapeau glorifié.

Sous la République on allait chercher la mort en charrette, on la recevait de la main d'un bourreau qui partageait les dépouilles des cadavres.

Le Français qui mourait sous la terreur laissait après lui sa famille en péril et la France déshonorée.

Celui qui tombait sous l'Empire léguait aux siens l'honneur de son sacrifice, et il pouvait croire en tombant qu'il agrandissait la patrie de tout le chemin qu'il avait fait avant de tomber, et se soulevant sur ses membres mutilés du dernier regard de ses yeux, du dernier son de sa voix, il saluait l'Empereur.

Cet enthousiasme ne s'est pas entièrement trompé, car s'il n'a pas élargi les frontières, il a du moins préservé la patrie par l'impression durable que le monde en a gardée, et il n'y a pas un champ de bataille qui ne soit un poste avancé de la France au cœur de l'ennemi.

NAPOLÉON ET JOSÉPHINE
DE BEAUHARNAIS

Napoléon s'est uni à Joséphine de Beauharnais en 1796. Or à cette époque, au lendemain de la Terreur, la religion catholique n'était pas encore définitivement rétablie et reconnue, de sorte qu'il n'y eut pas de bénédiction religieuse.

Ce n'est que la veille au soir du sacre que Joséphine aurait fait savoir au Pape qu'il n'y avait pas eu de cérémonie à l'église. Au jour du sacre Joséphine n'a pas été couronnée par le Pape.

NAPOLÉON ET LE DUC D'ENGHIEN

J'avoue que c'est une mesure cruelle, terrible, sanglante, mais hélas! la politique comme la guerre a de regrettables, malheureuses exigences.

N'a-t-on pas vu depuis, l'exécution du maréchal Ney et celle du colonel Labédoyère.

C'est aux princes, aux prétendants à prononcer en tribunal de Haute Cour suprême.

NAPOLÉON ET LE PAPE

Napoléon en donnant à son fils le titre de roi de Rome voulait seulement mettre son fils sous la protection du Pape, comme il voulait que son fils fut le défenseur naturel du Saint-Siège.

S'il l'a fait venir en France, on peut croire que c'était pour faire de la patrie le centre de la catholicité, comme elle était le centre de la gloire militaire.

En général le Pape et l'Empereur s'entendaient bien, les tiraillements ne venaient que de l'entourage du Saint-Père, des cardinaux italiens qui lui reprochaient ses trop grandes concessions.

Durant son séjour en France l'Empereur donna au Pape sa résidence impériale de Fontainebleau en toute souveraineté avec ses équipages.

S'il y eut quelques difficultés, elles vinrent de ce que le Pape, comme prince temporel, refusait de fermer ses ports aux Anglais. C'était dans l'intérêt de l'Eglise, car Napoléon voulait ramener, sinon par la force, du moins par son influence morale et militaire, l'Angleterre protestante au catholicisme.

Pour les mesures forcées qui auraient été gardées à son égard par le préfet des Bouches-du-Rhône, on a exagéré les faits, et en tout cas dépassé les ordres de l'Empereur.

On a voulu voir un châtiment dans la retraite de Russie. Là il a été vaincu et non battu. Il a été obligé de rétrograder précisément parce qu'il n'a jamais pu engager la lutte en bataille rangée. On faisait le vide devant lui. Il a été paralysé par les éléments. Sa gloire militaire n'a subi aucune atteinte.

Quant à l'affaire des cardinaux rouges et des cardinaux noirs, comme c'est une dignité civile, on peut dire que l'Empereur avait le droit de leur en interdire le costume à sa cour. D'autant plus que ces mêmes cardinaux avaient assisté la veille au mariage civil à Saint-Cloud et aux trois réunions officielles.

Le Pape a déclaré lui-même que jamais il n'avait été frappé par l'Empereur, et qu'il était heureux de n'être pas obligé de parler contre sa pensée pour l'excuser.

Quant au concordat le Pape l'a jugé en disant que c'était un acte « chrétiennement et héroïquement sauveur. »

____

NAPOLÉON ET LA RELIGION

Je vous ai dit ses sentiments religieux durant son enfance.

Qu'en Egypte il se soit laissé aller jusqu'à assister à une cérémonie étrangère, sa présence n'était pas une négation de ses croyances. Il le faisait par politique, pour gagner plus vite la confiance de ce peuple qu'il avait vaincu, et en cela il rendait encore hommage au grand sentiment religieux.

Quand plus tard les protestants lui font des avances, lui proposent de se faire proclamer le chef d'une religion nationale, il les congédie avec dédain, plus sensé que ce La Reveillère Lepeaux qui voulait après le culte de la raison, fonder une espèce de religion... opportuniste.

Son respect, son amour, son attachement à la religion est suffisamment prouvé par sa première messe aux Tuileries.

Quelques-uns de ses généraux, Moreau en tête, parlaient de le percer de leur épée s'il assistait à cette comédie.

Et une autre fois pour son sacre, Augereau

qui avait fait le 18 frutidor veut lui représenter au nom de ses collègues qu'il ne leur convenait pas d'assister au *Te Deum* à Notre-Dame.

L'Empereur lui répondit avec ce ton qui ne supporte pas la réplique : « Ce n'est pas un conseil, c'est un ordre. »

Napoléon n'a jamais renié sa foi : il n'était ni haineux, ni cruel. Sa politique, ou ce qu'il croyait être sa raison d'Etat, a pu seule le conduire à quelques faits violents.

Elevé dans les meilleurs doctrines de cette religion sainte, Napoléon ne les oublia jamais.

Faisant allusion à sa première communion il a dit souvent même dans ses plus grands succès, qu'il se rappellerait toujours l'aspect de cette cathédrale d'Ajaccio où il s'était prosterné devant Dieu avec tant de foi et d'humilité.

Si au milieu des agitations de la guerre et de la politique il pratiqua peu les devoirs de la religion; du moins, il la respecta et la protégea même au moment de ses débats avec la cour de Rome, et jamais on ne le vit se déshonorer par les blasphèmes, par les stupides dénégations du parti révolutionnaire.

A Sainte-Hélène, il revint sincèrement aux aux principes de son éducation première. Ce fut la consolation de ses derniers moments. Et qu'on ne pense pas qu'il en soit venu là par suite des faiblesses, des terreurs d'un moribond. Il s'en était occupé sérieusement en pleine santé, dès son arrivée dans cette île, où son plus grand chagrin fut de ne trouver ni églises, ni prêtres.

Il brava pour en faire venir, pour les soutenir dans l'exercice de leur saint ministère, les contrariétés, les injures même de son entourage, et resté presque seul au milieu de l'impiété, il mourut en véritable martyr, et d'une manière aussi exemplaire, aussi chrétienne peut-être qu'aucun des souverains que l'on puisse citer.

NAPOLÉON III

NAPOLÉON III ET SON ENFANCE

Napoléon III dès son enfance fit voir son courage et sa générosité.

La veille de la campagne d'Allemagne, Napoléon Ier était dans son cabinet. Tout d'un coup la porte s'ouvre et un enfant âgé d'environ sept ans, entre précipitamment dans la salle le visage tout décomposé. « Qu'y a-t-il Louis? » lui demanda Napoléon avec bonté, et « pourquoi ces pleurs? »

« Hélas ! Sire, répondit l'enfant qui n'était autre que le prince Louis-Napoléon, on me dit que vous allez partir pour la guerre. Ne partez pas, ne partez pas. »

« Et pourquoi mon ami ? » dit l'Empereur de sa voix la plus caressante. « Ce n'est pas la première fois que je pars pour la guerre, ne crains rien, je serai bientôt de retour. »

« Hélas ! cher oncle. » s'écrie l'enfant avec un nouveau soupir, « vos ennemis vous tueront, je veux vous accompagner et marcher contre eux avec des canons. »

L'empereur pressa l'enfant contre sa poitrine, puis appelant à haute voix Hortense il lui dit : « Emmenez-moi mon neveu. »

Il caressa le prince de nouveau et dit : « Il a un bon cœur et une belle âme, cet enfant sera peut-être un jour l'espoir de ma race. »

NAPOLÉON A STRASBOURG

Napoléon passa sa jeunesse en exil avec sa mère Hortense.

Le prince Napoléon avait 27 ans lorsqu'il songea à faire sa première tentative en 1836.

Des conférences préliminaires avaient eu lieu à Baden-Baden. Le prince y avait eu un entretien avec un ancien soldat de Napoléon, le colonel Vaudrey qui commandait par intérim toute l'artillerie de Strasbourg. Le prince avait dit au colonel :

« Une révolution n'est excusable, n'est légitime que lorsqu'elle se fait dans l'intérêt de la majorité de la nation. On est sûr d'agir dans ce sens lorsqu'on ne se sert pour réussir que d'une influence morale. »

Le colonel Vaudrey fut entièrement du même avis, et l'honorable vétéran promit au prince son fidèle concours.

Le colonel Parquin, un autre de ces hommes de cœur, tels que l'Empire les avait légués à la France, s'était joint à eux.

Louis Napoléon quitte Arenemberg, le 25 octobre 1836, en prétextant un rendez-vous de chasse pour tranquilliser sa mère.

Le soir du 29, ses amis se réunissent pour conférer ensemble. On pouvait faire deux choses : entraîner une partie des troupes et tenir le reste en respect, ou bien on pouvait simplement exercer une pression toute morale.

Le prince qui voulait rester fidèle à ses principes se décide pour ce dernier parti.

Il voulait être acclamé avec enthousiasme ou repoussé non seulement par les troupes, mais aussi par la population.

Napoléon n'avait pas partagé la France en deux camps ; son neveu ne peut se résoudre non plus à le faire dès son premier début. Cette résolution nuisit à l'entreprise peut-être, mais elle fait au Prince le plus grand honneur, et nous prouve, outre les paroles dont il s'était servi en présence du colonel Vaudrey, et la proclamation qu'il va lire aux officiers rassemblées autour de sa personne, qu'il était à cette époque déjà, venu en France avec des idées toutes faites, et qu'il était parfaitement en état de se mettre à la tête du gouvernement d'une grande nation.

Le lendemain, à 6 heures, le colonel Vaudrey fait sonner l'alarme dans le quartier occupé par ses troupes. Le prince en est averti. Il se rend à la caserne où le colonel se trouve placé au milieu du carré que forment ses troupes. Aussitôt que le colonel aperçoit le Prince, il fait présenter les armes ; puis tirant son épée, il parle ainsi aux soldats du 4e régiment :

« Le prince Napoléon est devant vous, et veut se mettre à votre tête. Soldats du 4e régiment d'artillerie, le neveu de l'Empereur peut-il compter sur vous? Votre colonel a répondu de vous, élevez donc avec moi le cri de vive Napoléon, vive l'Empereur. »

Lorsque le calme se fut rétabli, le prince dit aux soldats. « J'ai voulu d'abord apparaître au milieu de vous parce que entre vous et moi il existe de grands souvenirs. C'est dans votre régiment que l'empereur Napoléon, mon oncle, a servi comme capitaine. C'est avec vous qu'il s'acquit de la gloire au siège de Toulon, et votre brave régiment lui ouvrit les portes à son retour d'Elbe. »

En proie à une émotion profonde, le prince s'avance vers les officiers qui n'avaient pas été informés de l'entreprise mais qui n'en partageaient pas moins l'enthousiasme général.

Louis Napoléon tente la fortune auprès des autres troupes à l'aide de son influence personnelle.

Louis Napoléon reçoit des soldats de la ligne et des postes, le même accueil enthousiaste que lui avait fait le 4e régiment d'artillerie.

Le prince a déjà réuni autour de sa personne plusieurs compagnies d'infanterie, quand tout à coup un officier dit que l'homme qui cherche à les séduire n'est qu'un trompeur. Un autre officier leur affirme que ce n'est pas le neveu de l'Empereur, mais un parent du colonel Vaudrey.

Une partie des troupes est ébranlée. La guerre civile est près d'éclater, car la population de Strasbourg se range du côté de Napoléon. Celui-ci aime mieux attendre, et usant de son autorité sur les troupes électrisées par sa présence, il leur ordonne de rentrer dans leurs casernes.

L'entreprise a échoué, mais Louis Napoléon a pu de nouveau se convaincre que son nom exerce à lui seul sur le peuple une influence irrésistible.

Il se résigne, mais il n'est ni découragé ni abattu, il s'aperçoit seulement que l'heure n'est pas encore sonnée et il se soumet.

———

EVASION DU FORT DE HAM

L'évasion du fort de Ham eut lieu le 25 mai 1846.

La nature des constructions et l'arrangement de la citadelle rendaient impossible tout autre moyen que celui de franchir les guichets sous un déguisement. Par un hasard heureux des ouvriers venaient en ce moment travailler dans le bâtiment où logaient les prisonniers.

Un matin ayant coupé ses moustaches, et s'étant revêtu d'une blouse, d'une casquette et de gros sabots, Louis Napoléon portant une planche sur son épaule descendit l'escalier de sa prison. Son fidèle valet de chambre, qui avait obtenu la permission d'aller en ville, et qui pour détourner l'attention des géôliers conduisait son chien en laisse, le précédait de quelques pas. A l'aide de sa planche, le menuisier improvisé passa entre eux sans être reconnu. Au même instant un ouvrier serrurier le prenant pour un camarade allait lui parler, mais il fut détourné à temps par son domestique. Un peu plus loin, Louis Napoléon rencontre un officier qui lisait une lettre, puis il traverse un groupe de trente soldats rassemblés devant le corps de garde. Enfin, après avoir passé sans sourciller devant plusieurs plantons, il se trouve en présence du portier consigne, personnage bien important puisqu'il tenait entre ses mains les destinées du neveu de l'Empereur. Le portier ne fit aucune attention à l'homme à la planche. Pendant que le prince souhaitait le bonjour à son valet de chambre, le planton ouvrait la grille, et Louis Napoléon au bout de six années posa le pied sur la terre de la liberté.

Tout n'était point fini encore. Il fallait que son domestique allât chercher dans la ville un cabriolet qu'il avait loué la veille. Pendant ce temps, le fugitif devait aller attendre sur la route de Saint-Quentin, mais il ne connaissait le pays que pour en avoir examiné la carte ; et pouvait-il être sûr de ne pas s'égarer, surtout dans un moment où l'esprit le plus ferme doit être nécessairement agité par la réaction de tant de joies après tant d'anxiétés.

Il marchait vite malgré ses sabots, et atteignit bientôt le cimetière à un kilomètre de la ville. Une grande croix s'élève au milieu des tombeaux, il s'y prosterna devant Dieu et le remercia avec effusion de ce qu'il lui serait permis d'aller embrasser son père mourant.

Bientôt son domestique arrive dans son cabriolet, mais une autre voiture le suit. Le faux ouvrier avait toujours sa planche avec lui, il attend pour s'en débarrasser que cette seconde voiture soit passée; alors il monte dans la sienne, jette ses sabots dans un champ et prend les guides pour jouer un nouveau rôle, celui de cocher. Un instant après deux gendarmes à cheval sortaient du village de Saint-Sulpice, mais heureusement ils se dirigeaient vers Péronne.

Avant d'entrer à Saint-Quentin, Louis Napoléon descendit du cabriolet et traversa la route à pied pour se rendre sur la route de Cambrai, où son domestique devait le rejoindre avec une autre voiture qu'il fallait se procurer. Son domestique n'arrivait pas. Assis sur le bord de la route, la tête appuyée dans ses mains il attendait inquiet lorsqu'il sentit une brusque secousse, c'était son chien qui devançait la voiture et lui faisait de joyeuses caresses. Un instant après, Louis Napoléon montait dans la voiture d'un brave maître de poste, et deux chevaux vigoureux l'entraînaient au grand galop.

COMMENT LES RÉPUPLIQUES
FINISSENT

Après plusieurs élections ou le prince Napoléon avait été nommé deputé à une grande majorité surtout dans le département de la Seine, il était devenu président de la République.

Le 1er décembre, l'Assemblée législative avait tenu sa dernière séance, celle-ci fut caractérisée par l'impuissance qui s'attache nécessairement à tous les actes émanants de pouvoirs moribonds. On s'y était occupé à la fois du chemin de fer de Lyon et d'une proposition ayant pour objet le rétablissement de la monarchie.

On sentait que l'heure de tous ces hommes avait sonné et qu'ils ne supporteraient pas même leur chute avec dignité.

Le président avait l'habitude de recevoir le lundi, et comme le 1er décembre était un lundi, l'Elysée avait offert le soir un contraste frappant avec l'Assemblée qu'abandonnait l'opinion publique. Le palais du prince était rempli de visiteurs. Tout le monde avec l'opinion publique se tournait vers l'homme, qui selon le sentiment de chacun, allait se rendre maître de la situation.

Mais impénétrable comme le destin, et comme il convient de l'être, à des hommes sur qui pèse la responsabilité d'une mission providentielle, Louis Napoléon ne trahit en rien le plan d'où devait sortir le salut de la France.

L'impuissante colère qui avant le Coup d'Etat s'était si souvent exhalée contre le président de la République, se changea plus tard en autant de calomnies odieuses, dirigées contre ses intentions et contre les hommes qu'il avait honorés de sa confiance dans cette grande entreprise. Le succès a montré que le président avait fait preuve dans son choix de la plus profonde connaissance des hommes, et jamais une entreprise de cette nature n'a été conduite avec plus d'ensemble et de résolution. Louis Napoléon avait fait tout ce qui était en son pouvoir pour éviter l'effusion du sang à la suite du Coup d'Etat.

Pour le peuple, il lui donna le suffrage universel.

Pour paralyser l'action des clubs et des sociétés secrètes, il fit arrêter soixante-dix-huit meneurs, tous anciens déportés ou condamnés politiques.

Le peuple en lisant les affiches disait : « Il était temps d'en finir c'est bien joué. » Et le ministre de l'intérieur pouvait dire avec raison dans sa circulaire aux préfets : « L'Assemblée a été dissoute au milieu des bravos et des applaudissements de toute la population de Paris. »

En effet, des adresses et des félicitations parvinrent de tous les côtés au président de la République, et lorsque à dix heures, ayant à sa suite son état-major et une foule de généraux accourus pour se mettre à sa disposition, il parcourut la ville à cheval, partout des acclamations enthousiastes l'accueillirent sur son passage.

A cinq heures du matin, les commissaires de police chargés d'opérer les différentes arrestations dont on était convenu quittèrent l'hôtel de la Préfecture.

Seize députés se trouvaient sous le coup d'une arrestation toute particulière, entre autres Thiers, qui était au lit. Lorsque son domestique le réveilla, il dit au commissaire :

« Si je vous brûlais la cervelle? Connaissez-vous la loi? » On l'emmena. Six jours après il demanda à être conduit à l'étranger, ce qui eut lieu sur le champ.

L'arrestation des généraux Changarnier et Cavaignac fournit matière à une intéressante comparaison. L'un et l'autre se croyaient nécessaires à la France.

Changarnier dit au commissaire de police : « Si le président se trouve un jour avoir la guerre avec l'étranger, il sera bien aise de me trouver. »

Cavaignac dit à l'homme chargé de l'arrêter : « Oh! que n'ai-je employé de pareils moyens du temps que j'étais au gouvernail. »

Le premier se regardait comme le plus grand et l'unique guerrier de France.

Le dernier s'imaginait qu'il lui eut été possible de réussir par un coup d'Etat, lui qui ne s'appuyait que sur une minorité dont la France ne voulait à aucun prix.

D'abord le général Changarnier avait voulu décharger ses pistolets sur le commissaire qui devait l'arrêter.

Le général Cavaignac se contenta d'appliquer sur la table un violent coup de poing et de pousser quelques exclamations grossières.

Deux autres généraux, Le Flô et Bedeau oublièrent toute dignité.

Le premier dit : « Nous ferons fusiller votre président. »

Le général Bedeau refusa formellement, et il fallut le mettre de force dans la voiture qui devait l'emmener.

Le général Lamoricière se laissa prendre sans difficulté, mais en passant devant un poste, il ne put résister à la tentation de l'apostropher.

Un député, Roger, s'y prit comme un grand seigneur en faisant offrir des rafraîchissements à ceux qui étaient chargés de l'arrêter. Puis il s'habilla et dit : « Napoléon atteindra son but, il a été plus adroit que nous. »

Le colonel Charras dit au commissaire, qu'il l'attendait depuis deux jours, et que s'il fut venu alors, il lui aurait brûlé la cervelle, mais que ne l'ayant pas vu venir, il avait déchargé ses pistolets.

Le sentiment de la dignité s'efface de plus en plus chez les autres chefs de la gauche.

Chez le questeur Baze, la scène tourne au comique, il déclare le commissaire hors la loi ; de concert avec sa femme et ses domestiques, il fait mine d'assaillir les agents de la force publique. En robe de chambre avec un mouchoir autour de la tête, il veut haranguer la troupe, mais son langage et son accent provoquent des éclats de rires.

Cholat avale deux grands verres d'absinthe avant de s'en aller et en offre aux agents, puis chemin faisant, il essaie d'ameuter les balayeurs des rues en leur criant à plein gosier : « Aux armes. »

Pendant que ceci se passait, quelques députés se rendirent au palais de l'Assemblée, mais l'ayant trouvé occupé militairement, ils se glissèrent par une petite porte et pénétrèrent dans une salle où ils s'établirent.

Dupin juge bien la situation en disant: « Le Coup d'Etat est sans doute un acte illégal, mais il est à désirer qu'il réussisse, car si Bonaparte est vaincu, nous tombons aux mains des rouges. »

Un ministre de Louis Philippe avait dit : « La légalité nous tue. »

Dupin dit aux députés réunis : « Si les

soldats ont résolu de nous expulser, je ne vois pas trop quelle utilité il y aurait pour vous à rester ici. » Il remit à l'officier une protestation écrite et quitta l'hôtel de la présidence dans la journée.

Les députés cherchèrent un asile à la mairie du dixième arrondissement, dont la garde nationale était dévouée de corps et d'âme à l'Assemblée. C'est dans le local de cette mairie que devait finir tristement cette Assemblée législative qui jusqu'à ce dernier moment d'impuissance prétendait absorbait le pouvoir exécutif.

On avait envoyé deux membres au ministère de l'Intérieur porter des conditions de paix. Ils sommèrent le ministre de donner sa démission, de se constituer prisonnier. Le ministre demeura impassible.

Mais enfin, Monsieur, dit l'un des délégués, si la guerre civile éclate, que ferez-vous?

« Monsieur », répondit gravement de Morny, « mes amis et moi nous avons joué notre tête pour ce que nous croyons être le salut du pays, permettez-moi de vous dire que si je trouve des représentants sur les barricades, je les fais fusiller tous jusqu'au dernier. »

Cette réponse rapportée au petit Parlement composé de 240 membres provoqua les plus violentes clameurs.

Le président propose de faire une protestation.

Berryer. — L'Assemblée nationale réunie doit faire un acte d'Assemblée, non une protestation.

Vitet. — Nous pouvons être expulsés, convenons immédiatement d'un autre lieu.

Berryer. — Nous n'avons peut-être pas un quart d'heure. Rendons un décret.

Vitet. — Nous allons rester en permanence.

Un membre. — Il faut donner l'ordre au colonel de la 10ᵉ légion de défendre l'Assemblée.

Berryer. — Donnez un ordre écrit.

Plusieurs membres. — Qu'on batte le rappel.

Un des citoyens s'écrie : « Messieurs, dans une heure peut-être, nous nous ferons tuer pour vous. »

Piscatory. — Je suis allé faire reconnaître plusieurs de mes collègues qui ne pouvaient entrer. Les officiers de paix m'ont dit que le maire avait donné l'ordre de ne laisser entrer personne. Je me suis transporté immédiatement chez le maire qui m'a dit : « Je représente le pouvoir exécutif, et je ne puis laisser entrer les représentants. »

Je me suis retiré. En passant, quelqu'un m'a dit : « Dépêchez-vous, dans quelques moments la troupe sera ici. »

De Falloux. — Nous ne prévoyons pas deux choses. D'abord, nos ordres ne seront pas exécutés. Ensuite, nous serons expulsés d'ici.

Dufaure. — Ne nous manquons pas à nous-mêmes et s'il faut succomber devant la force, l'histoire nous tiendra compte de ce que jusqu'au dernier moment, nous avons résisté par tous les moyens qui étaient en notre pouvoir.

Berryer. — Je demande que par un décret l'Assemblée ordonne à tous les directeurs de maison de force ou d'arrêt, de délivrer les représentants qui ont été arrêtés.

Un représentant arrive et s'écrie : « Dépêchons-nous voilà la force qui arrive. »

Au moment où l'on annonce l'arrivée de la force armée, un profond silence s'établit.

Tous les membres du bureau montent sur leur siège pour être vus de toute l'Assemblée et des chefs de troupe.

Plusieurs membres dans le fond de la salle: « On monte, on monte. »

Le président. — Messieurs, pas un mot. Silence absolu.

Plusieurs membres. — C'est un sergent qu'on envoie.

Le président. — Un sergent est le représentant de la force publique.

De Falloux. — Si nous n'avons pas la force ayons au moins la dignité.

Un membre. — Nous aurons l'une et l'autre.

Le président. — Restez à vos places. Songez que l'Europe entière vous regarde.

Le président et l'un des secrétaires se dirigent vers la porte par laquelle la troupe va pénétrer et s'avancent jusque sur le palier. Un sergent et une douzaine de chasseurs de Vincennes du 6ᵉ bataillon occupent les dernières marches de l'escalier.

Le président au sergent. — Que voulez-vous? Nous sommes réunis au nom de la Constitution.

Le sergent. — J'exécute les ordres que j'ai reçus.

Le président. — Allez parler à votre chef.

Chapot. — Dites à votre chef de bataillon de monter ici.

Au bout d'un instant un capitaine faisant fonctions de chef de bataillon se présente au haut de l'escalier.

Le président s'adressant à cet officier. — L'Assemblée nationale est ici réunie. C'est au nom de la Constitution que nous vous sommons de vous retirer.

Le commandant. — J'ai des ordres.

Leprésident. — Je vous somme de vous retirer.

Le commandant. — Je ne puis pas me retirer.

Chapot. — Sous peine de trahison, vous êtes tenu d'obéir sous votre responsabilité personnelle.

Grévy. — N'oubliez pas que vous devez obéissance à la Constitution et à l'article 68.

Le commandant. — L'article 68 n'est pas fait pour moi.

Beslay. — Il est fait pour tout le monde, vous devez lui obéir.

Le président Vitet et Chapot rentrent dans la salle. Vitet rend compte à l'Assemblée de ce qui vient de se passer entre lui et le chef de bataillon.

Berryer. — Je demande que par un décret, il soit immédiatement déclaré que l'armée de Paris est chargée de veiller à la défense de l'Assemblée et qu'il soit enjoint au général Magnan de mettre les troupes à la disposition de l'Assemblée.

Le général Oudinot. — Jamais nous n'avons éprouvé le besoin d'entourer notre président de plus de déférence et de considération que de ce moment. Il est bien qu'il soit investi d'une sorte de dictature. Notre force et notre dignité sont précisément dans l'unité.

Le président. — Je propose conformément à l'avis qui vient de m'être exprimé par plusieurs membres, que le général Oudinot, notre collègue, soit investi du commandement des troupes.

Tamisier proteste. Rappelez-vous l'expédition romaine qu'il a commandée. Quelle autorité aura-t-il sur le peuple?

L'Assemblée consultée rend un décret qui

nomme le général Oudinot commandant en chef des troupes.

Pendant qu'on rédige le décret, Oudinot s'approche de Tamisier, et échange avec lui quelques paroles.

Le général Oudinot. — Messieurs, je viens de proposer à M. Tamisier de me servir de chef d'état-major, il accepte.

En ce moment les membres qui se trouvent auprès de la porte annoncent qu'un officier du 6e bataillon de chasseurs arrive avec de nouveaux ordres. Le général Oudinot s'avance vers lui accompagné de Tamisier.

Tamisier donne lecture à l'officier du décret qui nomme le général Oudinot, général en chef de l'armée de Paris.

Le général Oudinot. — Nous sommes ici en vertu de la Constitution. Vous voyez que l'Assemblée vient de me nommer général en chef. Je suis le général Oudinot. Vous devez reconnaître mon autorité. Vous me devez obéissance. Je vous donne l'ordre de vous retirer.

L'officier (sous-lieutenant au 6e chasseurs). — Mon général, vous savez notre position. J'ai reçu des ordres.

Le général Oudinot à l'officier. — Vous déclarez donc que vous avez reçu des ordres et que vous attendez les instructions du chef qui vous a donné la consigne.

Le sous-lieutenant. — Oui, mon général.

Le général Oudinot. — C'est la seule chose que vous ayez à faire.

Le général Oudinot et Tamisier rentrent dans la salle; il est une heure un quart.

Le général Oudinot. — Je vous prie de bien vouloir accepter Mathieu de la Redorte comme chef d'état-major pour la garde nationale.

Plusieurs membres. — C'est en vos pouvoirs.

Berryer rentrant dans la salle avec plusieurs de ses collègues; Messieurs une fenêtre était ouverte. Il y avait beaucoup de monde dans la rue. J'ai annoncé que l'Assemblée régulièrement réunie en membres plus que suffisant pour la validité de ses décrets, avait prononcé la déchéance du président et confié le commandement supérieur de l'armée et de la garde nationale au général Oudinot.

En ce moment deux commissaires de police se présentent à la porte de la salle et sur l'ordre du président, s'avancent auprès du bureau.

L'un des commissaires, le plus âgé. — Nous avons ordre de faire évacuer les salles de la mairie, êtes-vous disposés à obtempérer à cet ordre? Nous sommes les mandataires du préfet de police.

Plusieurs membres. — On n'a pas entendu.

Le président. — M. le commissaire nous dit qu'il a ordre de faire évacuer la salle. Mais connait-il l'article 68? Sait-il qu'elles en sont les conséquences?

Le commissaire. — Sans doute nous connaissons la Constitution. Mais nous sommes obligés d'exécuter les ordres de nos chefs supérieurs.

Le président. — Si le pouvoir usurpateur agit vis-à-vis de l'Assemblée avec la force nous devons déclarer que nous sommes dans notre droit. Il est fait appel au pays. Le pays répondra.

Le commissaire le plus âgé. — Notre mission est pénible. Dans ce moment c'est la force militaire qui agit, et là démarche que nous faisons était pour empêcher un conflit que nous aurions regretté.

M. le préfet nous avait donné l'ordre de venir vous inviter à vous retirer ; mais nous avons trouvé ici un détachement considérable de chasseurs de Vincennes, envoyés par l'autorité militaire qui a seul le droit d'agir puisque Paris est en état de siège. La démarche que nous faisons est officieuse et a pour but d'éviter un conflit fâcheux. Nous ne prétendons pas juger la question de droit ; mais j'ai l'honneur de vous prévenir que l'autorité militaire a des ordres sévères et elle les exécutera très probablement.

Le président. — Vous comprenez parfaitement que l'invitation à laquelle vous donnez en ce moment un caractère officieux, ne peut produire aucune impression sur nous. Nous ne céderons qu'à la force.

Le 2ᵉ commissaire, le plus jeune. — Monsieur le président, voici l'ordre qu'on nous a donné, et sans plus attendre, nous vous sommons, que ce soit à tort ou à raison, de vous disperser. (Violents murmures).

En ce moment un officier arrive un ordre à la main et dit : Je suis militaire, je reçois un ordre, je dois l'exécuter. Voici cet ordre.

« Commandant, en conséquence des ordres

du ministre de la guerre, faites occuper immédiatement la mairie du dixième arrondissement, et faites arrêter s'il est nécessaire,
les représentants qui n'obéiraient pas sur le
champ à l'injonction de se séparer.

« Le général en chef, MAGNAN. »

Le président à l'officier. — Connaissez-
vous l'article 68. Si nous n'avons pas de force
à opposer...

De Larcy. — Nous opposons la résistance
du droit.

Le président. — L'Assemblée obligée de
pourvoir à sa sûreté a nommé le général Oudinot, commandant de toutes les forces qui
peuvent être appelées à la défendre.

De Larcy. — Nous faisons appel à votre
patriotisme comme Français.

Le général Oudinot à l'officier. — Vous
êtes le commandant du 6e bataillon ?

L'officier. — Je suis commandant par
intérim. Le commandant est malade.

Le général Oudinot. — Eh bien, commandant, vous venez d'entendre ce que
M. le président de l'Assemblée vous a dit.

L'officier. — Oui, mon général.

Le général Oudinot. — En vertu du pouvoir qui m'a délégué le commandement de l'armée et de la garde nationale, je viens vous déclarer que nous ne pouvons obéir que contraints, forcés, à l'ordre qui nous interdirait de rester réunis. En conséquence, je vous ordonne d'évacuer et de faire évacuer la mairie. Vous avez entendu, allez-vous obéir?

L'officier. — Non, et voici pourquoi ; j'ai reçu de mes chefs des ordres, et je les exécute.

De toutes parts. — A Mazas.

L'officier. — Au nom des ordres du pouvoir exécutif nous vous sommons de vous disperser à l'instant même.

Voix diverses. — Faites nous sortir de force.

Sur l'ordre du commandant plusieurs chasseurs pénètrent dans la salle. Un troisième commissaire et plusieurs agents y pénètrent également. Ils saisissent les membres du bureau, le général Oudinot, Tamisier et plusieurs autres représentants et les conduisent presque sur le palier. L'escalier est toujours occupé par la troupe. Après un quart d'heure environ, les soldats ouvrent les rangs ; les représentants toujours conduits par les agents et les commissaires descendent dans la cour. Le général Forey se présente. Le général Oudinot lui parle un instant et se retournant vers les membres de l'Assemblée, dit que le général Forey a répondu : « Nous sommes militaires, nous ne connaissons que nos ordres. »

Le général Lauriston. — Il doit connaître les lois et la Constitution, nous avons été militaires comme lui.

Le général Oudinot. — Le général Forey prétend qu'il ne doit obéir qu'au pouvoir exécutif.

Tous les représentants. — Qu'on nous emmène à Mazas.

Quelques minutes se passent : enfin la porte s'ouvre et les agents ordonnent aux membres du bureau et de l'Assemblée de se mettre en marche.

Les présidents Benoist et Vitet déclarent qu'il ne sortiront que par la force, les agents les prennent par le bras et les font sortir dans la rue. Le général Oudinot, Tamisier et les autres représentants sont conduits de la même manière, et on se met en marche à travers deux haies de soldats. Le président Vitet est tenu au collet par un agent. Le général Forey est en tête des troupes et dirige la colonne. Tous les représentants sont conduits à la caserne du quai d'Orsay; ils entrent et on referme la porte sur eux. Il est trois heures vingt minutes.

Ainsi finit en France le régime parlementaire qui avait rendu des services en 1830, mais qui plus tard après s'être rendu tout puissant avait de ses propres mains préparé et amené sa ruine.

NAPOLÉON III ET LA RELIGION

Napoléon III au pouvoir a toujours défendu le Saint-Siège et protégé la religion. Il a défendu le Pape en 1848 alors qu'il était obligé de quitter Rome et de s'enfuir à Gaëte. Cette généreuse intervention lui porta bonheur, car elle assura son élection à la présidence de la République.

Durant son règne, il combla toutes les églises de faveurs et inonda toutes les petites paroisses de tableaux et de souvenirs.

Enfin, il protégeait ouvertement l'Eglise, protection qui s'étendait au-delà des frontières, et c'est si vrai qu'au lendemain du 4 Septembre, lorsque l'émeute refusant les générosité de l'Impératrice qui voulait traiter avec le titre de Régente, l'Empire fut remplacé par la République, les religieux furent chassés de Suisse et l'évêque de Genève reconduit à la frontière.

L'IMPÉRATRICE

Après la mort glorieuse du brave prince Impérial, la reine Victoria, pour témoigner à l'Impératrice sa sincère affection et ses vifs regrets, lui offrit la propriété de Farnborough, située auprès de sa résidence royale.

L'Impératrice jugeant que la pauvre petite chapelle de Chislehurt, qu'elle avait fait construire était trop étroite pour contenir un aussi grand héros, accepta avec émotion et reconnaissance.

Vivant avec regret dans ce château de Chislehurt où était mort l'Empereur, où le prince avait grandi, où il avait été acclamé à sa majorité, elle résolut de quitter ces lieux pleins de si tristes souvenirs.

L'Impératrice fit construire par des ouvriers français, une magnifique petite église artistique du meilleur goût.

On peut dire avec raison que c'est là vraiment la maison de la prière, la maison d'or, la porte du ciel.

En entrant, surtout en visitant la crypte

des tombeaux, on est saisi de respect et d'émotion.

C'est là que l'Impératrice attend de la Providence la couronne qu'on lui a indignement ravie.

LA PRINCESSE
LŒTITIA

Quand un enfant paraît au foyer le cercle s'élargit.

La princesse Lœtitia, en épousant le frère du roi d'Italie, était devenue la première princesse de l'Italie, de la France et de l'Europe. La Providence avait béni son union, la fortune lui souriait, lorsque retentit subitement comme un coup de tonnerre, cette foudroyante nouvelle ; « Le duc se meurt! Le duc est mort! » Puisse le ciel répandre néanmoins ses plus abondantes bénédictions sur la petite tête mignonne du jeune prince Louis-Amédée-Victor, qui fait revivre et personnifie en lui, la gloire de la dynastie Impériale et l'éclat de la maison de Savoie.

LE PRINCE VICTOR

Le prince Victor, comme autrefois le prince Louis Napoléon est là en exil. Il attend les évènements, victime de ce gouvernement qui proscrit par son impuissance à gouverner. Il ne veut pas se lancer dans des tentatives inutiles.

———

LE PRINCE LOUIS

Le prince Louis est le portrait vivant du prince Impérial, il a sa bravouve, son courage et sa piété.

Ne pouvant, comme le prince Victor, servir sa patrie, il demanda du service dans les armées du roi son oncle.

Nommé capitaine, il porte ombrage à quelques envieux.

Aujourd'hui, il est lieutenant-colonel au 44ᵉ régiment de dragons en Russie, cette grande puissance européenne, l'alliée de la France.

Semblable au prince Impérial, il peut dire : « Elevé dans le sein d'une chaste héroïne, je n'ai point démenti l'origine de son sang. Je pousse la vertu jusqu'à la rudesse. »

UNE TENTATIVE

Depuis quelque temps les visites au château sont plus fréquentes. Quand l'ami de Monsieur vient, on a soin de faire sortir tout le monde des appartements pour que tout se passe dans le grand secret. Le fils de la maison qui a douze ans n'est même pas admis à jouer dans l'antichambre. Tout le monde est impitoyablement exclu.

L'enfant veut savoir le secret. Or un jour dans l'intervalle où son père laisse son cabinet ouvert pour aller au-devant son ami qu'il aperçoit venir, il se dissimule dans l'embrasure de la fenêtre, derrière les épais double-rideaux, et entend tout ce qui se dit.

Il s'agit du retour du prince qui ne se fera que par un coup de main, Coup d'Etat pacifique, sans effusion de sang, mais qui doit être fait promptement.

Le visiteur est d'avis d'attendre. Tous les gouvernements sont tombés. Celui-ci croulera à son tour.

Cependant, dit le Monsieur, les législatures se succèdent, les élections générales arrivent et c'est toujours le même résultat.

Le père reconduit son ami. Cette fois, il ferme la porte car tous ses papiers, toutes ses listes par communes sont rangés là par ordre. L'enfant n'a qu'une ressource: sauter par la fenêtre, car le cabinet de son père est au rez-de chaussée, à côté du grand salon de réception.

Cette séance a réveillé son patriotisme et provoqué son dévouement; ce que les autres ne veulent pas faire, lui le fera.

Il rassemble le fils du garde et les deux enfants du fermier, et se dressant dans son beau costume d'officier qu'on lui a acheté, pour ses douze ans, il leur fait faire l'exercice.

Un soir il leur donne rendez-vous pour le lendemain jeudi, à huit heures du matin. Il s'est pourvu de biscuits, ce sont des provision pour ses troupes.

Avant de partir, il a payé le café à ses hommes.

Ils prennent la grande allée tortueuse du château et se dirigent du côté de l'école.

Arrivés aux pays, leurs petits camarades les suivent par curiosité.

On les laisse passer sans difficulté, ce sont des enfants qui s'amusent.

Au chef-lieu de canton, les braves gens sur le devant de leur boutique se demandent avec étonnement où vont ces petits soldats avec leur air décidé.

Sur la route toute le monde les regarde avec admiration.

Mais il est midi, ils ont déjà fait deux lieues. On a faim on s'arrête, c'est la grand'halte.

Malgré la fatigue on saute encore, cependant on ne doit pas franchir la limite qui est fixée entre deux arbres de la route.

A une heure on se remet en marche.

Il n'y a plus de pays à traverser, mais il y a encore trois lieues à faire avant d'arriver à la gare où l'on doit s'embarquer.

Le petit général les encourage de la parole et du geste. « Dans le train on n'aura plus qu'à se reposer. »

Ils trompent la longueur de la route par des chants patriotiques.

Arrivés au chef-lieu de la sous-préfecture, le général en chef entre dans un hôtel en face la gare, tenu par un ancien serviteur dévoué à sa famille.

Il a peur qu'on lui refuse des billets à lui et à ses amis, et prie cet ancien valet de chambre d'aller lui retenir un wagon.

Il fait nuit, le temps est favorable pour une tentative clandestine.

Le vieux domestique qui a reconnu son petit maître pense aussitôt à reconduire le jeune général à sa famille.

— Votre entreprise me paraît devoir réussir, mais un embarquement de nuit éveillerait des soupçons. J'ai là un omnibus et deux bons chevaux, je puis vous conduire.

Le brave général accepte aussitôt cette proposition. La petite troupe s'enferme dans l'intérieur de la voiture.

Le cocher suit un instant la grande route qui longe la ligne du chemin de fer, et ramène par un autre chemin les enfants au château.

Arrivés à la ferme, le conducteur avertit sa petite troupe qu'il va relayer, mais qu'ils peuvent descendre: C'est un ami où ils seront certainement bien reçus.

En descendant de voiture, le général en chef, à sa grande stupéfaction, s'aperçoit qu'il est revenu à son point de départ, mais il se console vite de sa fatigue et de son aventure en retrouvant au milieu de l'hiver, son feu et son lit...

Si tous les Impérialistes, les chefs de file

du parti avaient le courage, l'initiative de cet enfant de douze ans, le gouvernement n'en aurait plus pour longtemps.

Console-toi, mon jeune ami, ce que tu n'as pu faire, d'autres le feront.